CORA WETZSTEIN

QUICHES

FOTOGRAFIE: GROSSMANN.SCHÜRLE, AUEN60 PHOTOGRAPHY

INHALT

Öffnen Sie die Klappen dieses Buches.
Dort finden Sie die wichtigsten Infos zum Thema auf einen Blick!

DAS PRINZIP:
QUICHE

DIE PERFEKTE
KOMBI

Immer griffbereit:

SO GEHT'S:
QUICHE
VORBEREITEN

Immer griffbereit:

SO GEHT'S:
QUICHE FÜLLEN

GU CLOU

Wussten Sie schon, dass ...?
Entdecken Sie bei einigen ausgewähl-
ten Rezepten ganz besondere Tipps
mit verblüffendem Insiderwissen.
Aha-Momente garantiert!

Mit diesem Symbol sind alle vegetarischen
Gerichte gekennzeichnet.

Die Backzeiten können je nach Herd variieren. Unsere Temperaturangaben beziehen
sich auf das Backen im Elektroherd mit
Ober- und Unterhitze.

Sammeln Ihrer Lieblingsrezepte
mit der »GU Kochen Plus«-App
(siehe S. 64)

REZEPTKAPITEL

06 QUICHES FÜR JEDEN TAG

24 QUICHES DE LUXE

40 QUICHES IM MINIFORMAT

CORA WETZSTEIN

Die erfahrene Kochbuchautorin liebt herzhafte Kuchen aus dem Ofen und sie liebt die Abwechslung. Mit Quiches wird es nie langweilig, denn hier können viele Zutaten immer wieder neu kombiniert werden. Und das Schönste: Sobald der Kuchen im Ofen ist, kann sie sich ganz entspannt der Familie oder den Gästen widmen.

Warum sind Quiches deine Favoriten?

Weil es für mich nichts Schöneres gibt als einen Abend mit einem guten Glas Wein. Und dazu passt perfekt eine Quiche. Sie kann sehr gut vorbereitet werden und schmeckt lauwarm sowieso am besten. Wenn Freunde vorbeikommen, stehe ich nicht lange in der Küche. Ich stelle die fertige Quiche auf den Tisch und jeder greift nach Herzens Lust zu. Je mehr Rezepte ich habe, umso mehr schöne, gesellige Abende gibt es!

Was gefällt dir so gut an Quiches?

Quiches sind wunderbar variabel. Sie schmecken vegetarisch, mit Fleisch und Fisch, asiatisch, mediterran, orientalisch oder ganz bodenständig gewürzt. Je nachdem, welche Zutaten man kombiniert, erhält man ein neues Gericht. Langeweile kommt hier garantiert nicht auf. Schön finde ich auch, dass Quiches gerade den alten, neuen Gemüsen wie Kürbis, Schwarzwurzeln, Pastinaken oder Grünkohl eine Plattform bieten, ihre Aromen in Szene zu setzen.

Gibt es etwas Besonderes zu beachten?

Quiches sind nicht kompliziert. Wer das »Prinzip Quiche« anwendet, braucht eigentlich nicht einmal ein Rezept, sondern einfach ein bisschen Fantasie. Denn der Aufbau ist immer gleich: Teig, Füllung, Guss. Mit edlen Zutaten wird daraus etwas ganz Besonderes, mit einfachen ein leckeres Alltagsgericht, und in einer Restequiche nehmen Überbleibsel von Käse, Schinken und Gemüse ein wirklich feines Ende.

LIEBLINGSREZEPT – QUICHE LORRAINE

200 g Mehl, 120 g kalte Butter, 1 Ei, ½ TL Salz und evtl. 2 EL Wasser rasch zu einem glatten Teig verkneten und kalt stellen.

150 g Speckwürfel knusprig anbraten, 1 Zwiebel würfeln und kurz mitbraten.

250 g Sahne, 4 Eier, Salz und Pfeffer verquirlen.

Den Teig ausrollen, in die gefettete Tarteform (26 cm ⌀) legen und mehrmals einstechen. Speck- und Zwiebelwürfel auf dem Teig verteilen, mit der Eiersahne über-gießen und die Quiche im Ofen bei 200° (unten) ca. 35 Min. backen.

QUICHES FÜR JEDEN TAG

Für 1 Tarteform (26 cm ∅, 8 Stücke) • 50 Min. Zubereitung • 30 Min. Ruhen • 35 Min. Backen •
Pro Stück ca. 315 kcal, 11 g E, 26 g F, 11 g KH

KARTOFFEL-SPINAT-QUICHE MIT EIERNESTERN 🍃

GÜNSTIG

FÜR DEN TEIG

600 g Pellkartoffeln (vom Vortag)
50 g Butter
1 Ei
Salz, Pfeffer
frisch geriebene Muskatnuss

FÜR DIE FÜLLUNG

500 g frischer Blattspinat
1 Zwiebel
1 EL Butter
250 g Crème fraîche
7 Eier
Salz, Pfeffer
frisch geriebene Muskatnuss

GUT ZU WISSEN

Quiches sollten nach dem Backen noch 15 Minuten ruhen. So können sich die Aromen besser verbinden und der Guss kann sich setzen. Also Quiche aus dem Ofen holen und erst mal bei einem kleinen Aperitif die Gäste empfangen, bevor zugegriffen wird.

TEIG: Kartoffeln pellen und grob raspeln. Die Butter zerlassen. Mit etwas flüssiger Butter die Form fetten. Die restliche Butter zu den Kartoffeln geben. Das Ei verquirlen und mit Salz, Pfeffer und Muskat locker unter die Kartoffelraspel heben. Den Teig in die Form (aus Metall !) geben und am Boden gut festdrücken, dabei einen ca. 3 cm hohen Rand formen. Die Form 30 Min. kalt stellen.

FÜLLUNG: Inzwischen den Spinat verlesen, grobe Stiele entfernen. Die Blätter etwas kleiner zupfen, waschen und in einem Sieb abtropfen lassen. Die Zwiebel schälen und fein würfeln. Den Backofen auf 200° vorheizen. Die Butter in einem großen Topf erhitzen und die Zwiebel darin bei mittlerer bis großer Hitze 2 Min. andünsten. Spinat dazugeben, den Topfdeckel auflegen und die Blätter in 3–4 Min. zusammenfallen lassen. Den Spinat in ein Sieb geben und mit einer Schöpfkelle kräftig ausdrücken.

FERTIGSTELLEN: Crème fraîche mit 3 Eiern, Salz, Pfeffer und Muskat verquirlen. Den Spinat auf dem Kartoffelteig verteilen und den Guss darübergießen. Mit einem Löffel vier Mulden eindrücken und in jede Mulde 1 Ei aufschlagen. Die Eier salzen und pfeffern und die Quiche im heißen Ofen (unten) ca. 35 Min. backen, bis die aufgeschlagenen Eier gestockt sind und der Kartoffelrand goldbraun ist.

Für 1 Tarteform (26 cm ∅, 12 Stücke) • 40 Min. Zubereitung • 30 Min. Ruhen • 35 Min. Backen •
Pro Stück ca. 280 kcal, 9 g E, 21 g F, 14 g KH

GEMÜSESPAGHETTI-TARTE

GUT VORZUBEREITEN

60 g Parmesan
100 g kalte Butter
5 Eier
170 g Mehl
Salz
2 mittelgroße gelbe Möhren
2 mittelgroße orange Möhren
100 g Speck
300 g Sahne
Pfeffer

AUSSERDEM

Spiralschneider
weiche Butter für die Form
Mehl zum Arbeiten

1 30 g Parmesan fein reiben und mit Butter in Stückchen, 1 Ei, Mehl und ½ TL Salz zu einem glatten Teig verkneten. Zu einer Kugel formen und zugedeckt 30 Min. kalt stellen.

2 Inzwischen die Möhren putzen, schälen und mit dem Spiralschneider zu Spaghetti schneiden. Speck klein würfeln und in einer Pfanne ohne Fett knusprig auslassen. Gemüsespaghetti dazugeben und bei kleiner Hitze 4–5 Min. mitdünsten.

3 Den Backofen auf 180° vorheizen. Die Tarteform fetten. Sahne mit den restlichen Eiern verquirlen, salzen und pfeffern. Den Teig auf der leicht bemehlten Arbeitsfläche rund ausrollen und die Form damit auskleiden. Den Teig mehrmals einstechen. Die Spaghettimischung auf dem Boden verteilen und den Guss darübergießen. Die Quiche im heißen Ofen (unten) ca. 35 Min. backen. Den restlichen Parmesan in Späne hobeln und vor dem Servieren aufstreuen.

*Für 1 rechteckige Form (25 × 30 cm, 12 Stücke) • 30 Min. Zubereitung • 40 Min. Backen •
Pro Stück ca. 170 kcal, 7 g E, 12 g F, 10 g KH*

KRÄUTER-TARTE MIT RADIESCHEN 🌿

FRÜHLINGS-REZEPT

275 g Blätterteig (Kühlregal)
300 g Kräuterfrischkäse
100 ml Milch
4 Eier
Salz, Pfeffer
1 Bund Radieschen
1 Handvoll Kresse
1 TL Zucker
1 EL Aceto balsamico bianco
2 EL Sesamöl

AUSSERDEM
weiche Butter für die Form
getrocknete Hülsenfrüchte zum
*   Blindbacken*

1 Den Backofen auf 200° vorheizen. Den Blätterteig entrollen. Die Form fetten, mit dem Teig auskleiden und mit Backpapier und Hülsenfrüchten belegen. Den Teigboden im heißen Ofen (unten) ca. 10 Min. blindbacken.

2 Inzwischen Frischkäse, Milch, Eier, Salz und Pfeffer in einem Rührbecher verquirlen. Den Guss auf den vorgebackenen Blätterteig geben und die Tarte im heißen Ofen (unten) in 30 Min. fertig backen.

3 Währenddessen Radieschen putzen, waschen und in feine Stifte schneiden. Kresse waschen und trocken schütteln. Radieschen, Zucker, Essig und Sesamöl in einer Schüssel mischen und mit Salz und Pfeffer abschmecken. Die Kresse vorsichtig unterheben.

4 Die fertige Tarte am besten lauwarm mit der Radieschen-Kresse-Mischung toppen und servieren.

1

2

3

MOUSSAKA-QUICHE

4

5

6

Für 1 Springform (26 cm ⌀, 12 Stücke) • 50 Min. Zubereitung • 35 Min. Backen •
Pro Stück ca. 345 kcal, 17 g E, 21 g F, 21 g KH

FÜR DEN BELAG

750 g Kartoffeln
Salz
1 Aubergine
2 Knoblauchzehen
3 EL Olivenöl
500 g gemischtes Hackfleisch
  (ersatzweise Rinderhack-
  fleisch)
3 EL Tomatenmark
Pfeffer
300 g Sahnejoghurt
3 Eier
200 g Schafskäse (Feta)

FÜR DEN TEIG

250 g Filoteig (ersatzweise
  Strudelteig)
2 EL Olivenöl

AUSSERDEM

1 EL Olivenöl für die Form

BELAG: Die Kartoffeln waschen, schälen, in dünne Scheiben schneiden und in kochendem Salzwasser ca. 8 Min. garen, dann abgießen und abtropfen lassen. Inzwischen die Aubergine putzen, waschen und in 1 cm dicke Scheiben schneiden, salzen und 10 Min. ziehen lassen.

Knoblauch schälen und fein hacken. Auberginenscheiben trocken tupfen. 1 EL Öl in einer Pfanne erhitzen und die Hälfte der Auberginenscheiben darin bei mittlerer bis großer Hitze 2 Min. pro Seite braten. Herausheben und beiseitestellen. Restliche Auberginenscheiben ebenso braten. Erneut 1 EL Öl erhitzen und das Hack darin krümelig braten. Knoblauch 2 Min. mitbraten. Tomatenmark, Salz und Pfeffer unterrühren und alles 2 Min. weiterbraten.

TEIG: Den Backofen auf 200° vorheizen. Die Form fetten. Die Teigblätter mit wenig Öl bepinseln (Bild 1) und anschließend versetzt in die Form schichten (Bild 2), sodass sie diese komplett auskleiden.

FERTIGSTELLEN: Die Hälfte der Kartoffeln, die Hälfte des Hacks, die Auberginenscheiben, restliches Hack und übrige Kartoffeln auf den Boden schichten (Bild 3). Joghurt mit Eiern, Salz und Pfeffer verquirlen und darübergießen (Bild 4). Mit zerkrümeltem Schafskäse bestreuen. Überstehenden Teig über die Füllung legen und mit dem restlichen Öl bepinseln (Bild 5). Die Quiche im heißen Ofen (unten) 30–35 Min. backen. Vor dem Servieren 10 Min. ruhen lassen (Bild 6).

Für 1 Springform (26 cm ∅, 12 Stücke) • 40 Min. Zubereitung • 1 Std. Backen •
Pro Stück ca. 290 kcal, 13 g E, 20 g F, 13 g KH

ROTE-BETE-CHEESECAKE MIT KNÄCKE-WALNUSS-CRUNCH 🍃

EINFACH

FÜR DEN BODEN

100 g Roggen-Knäckebrot (mit
   Sauerteig)
50 g Butter

FÜR DEN BELAG

300 g vorgegarte Rote Beten
600 g Ziegenfrischkäse
5 Eier
1 TL getrockneter Thymian
Salz, Pfeffer

FÜR DAS TOPPING

1 Scheibe Roggen-Knäckebrot (mit
   Sauerteig)
50 g Walnusskerne
1 EL Honig (nach Belieben)
1 TL getrockneter Thymian
Salz

AUSSERDEM

weiche Butter für die Form

BODEN: Den Backofen auf 160° vorheizen. Den Springformboden mit einem Bogen Backpapier belegen und dieses mit dem Formrand festklemmen, den Rand fetten. Das Knäckebrot in Stücke brechen und mit dem Blitzhacker oder in der Küchenmaschine fein zerkleinern. Die Butter zerlassen. Knäckebrotbrösel und Butter in einer Schüssel mischen, in die Form geben und mit den Händen festdrücken. Den Boden bis zur Weiterverwendung kalt stellen.

BELAG: Die Roten Beten längs halbieren und in dünne Scheiben schneiden. Ziegenfrischkäse mit Eiern, Thymian, Salz und Pfeffer verquirlen. Ein Drittel vom Guss auf den Boden geben. Rote-Bete-Scheiben darauf verteilen und den restlichen Guss darübergießen. Den Cheesecake im heißen Ofen (unten) 1 Std. backen.

TOPPING: Inzwischen das Knäckebrot in kleine Stücke schneiden. Die Walnüsse grob hacken. Beides in einer Pfanne bei mittlerer bis großer Hitze 3–4 Min. rösten. Wer die Kombination süß und salzig mag, gibt noch den Honig dazu und lässt alles karamellisieren. Das Topping mit Thymian und Salz würzen und auf einem Stück Backpapier auskühlen lassen. Den fertigen Cheesecake mit Knäcke-Walnuss-Crunch bestreut servieren.

GU CLOU

Bei dieser Quiche wird der Boden aus fertigem Knäckebrot hergestellt. Das geht schnell und je nach verwendetem Knäckebrot lässt sich das Aroma immer wieder variieren.

Für 1 Springform (26 cm ⌀, 12 Stücke) • 45 Min. Zubereitung • 30 Min. Ruhen • 40 Min. Backen •
Pro Stück ca. 280 kcal, 8 g E, 21 g F, 14 g KH

GRÜNKOHLQUICHE MIT METTBÄLLCHEN

HERBST-REZEPT

FÜR DEN TEIG
220 g Dinkelmehl Type 1050
Salz
120 g kalte Butter
1 Ei

FÜR DIE FÜLLUNG
500 g Grünkohl
Salz
1 Zwiebel
1 EL Butter
Pfeffer
½ TL Kümmel
200 g Crème fraîche
3 Eier
150 g Zwiebelmettwurst

AUSSERDEM
weiche Butter für die Form
Mehl zum Arbeiten
getrocknete Hülsenfrüchte zum
   Blindbacken

TEIG: Mehl, ½ TL Salz, Butter in Stückchen, Ei und nach Bedarf 2–4 EL Wasser mit den Knethaken des Handrührgeräts zu einem glatten Teig verkneten. Zu einer Kugel formen und zugedeckt 30 Min. kalt stellen.

FÜLLUNG: Inzwischen den Grünkohl putzen, in grobe Stücke schneiden und in reichlich kochendem Salzwasser ca. 5 Min. blanchieren. Die Zwiebel schälen und fein hacken. Grünkohl in ein Sieb abgießen und mit den Händen ausdrücken. Butter im Topf erhitzen und die Zwiebel darin andünsten. Kohl dazugeben und 5 Min. mitdünsten, dann mit Salz, Pfeffer und Kümmel würzen. Crème fraîche mit Eiern, Salz und Pfeffer verquirlen.

BLINDBACKEN: Den Backofen auf 200° vorheizen. Die Form fetten. Den Teig auf der leicht bemehlten Arbeitsfläche etwas größer als die Form rund ausrollen und diese damit auskleiden, dabei einen ca. 3 cm hohen Rand formen. Den Boden mehrmals mit einer Gabel einstechen, mit Backpapier und Hülsenfrüchten belegen und im heißen Ofen (unten) ca. 10 Min. blindbacken.

FERTIGSTELLEN: Inzwischen die Mettwurst von der Haut befreien und das Brät zu ca. 3 cm großen Bällchen rollen. Grünkohl auf dem Boden verteilen, den Guss darübergießen. Mettbällchen daraufgeben und eindrücken. Die Quiche im heißen Ofen (unten) in 25–30 Min. fertig backen.

Für 1 Tarteform (26 cm Ø, 12 Stücke) • 30 Min. Zubereitung • 30 Min. Ruhen • 35 Min. Backen •
Pro Stück ca. 305 kcal, 10 g E, 20 g F, 22 g KH

HÄHNCHEN-MAIS-TARTE MIT SPECK

FÜR KINDER

FÜR DEN TEIG

240 g Mehl
Salz
140 g kalte Butter
1 Ei

FÜR DIE FÜLLUNG

200 ml Milch
50 g Instant-Polenta
250 g Schmand
2 Eier
Salz, Pfeffer
150 g Hähnchenbrustfilet
100 g Räucherspeck in Scheiben
1 kleine Dose Mais (150 g)

AUSSERDEM

weiche Butter für die Form
Mehl zum Arbeiten

MEHR DARAUS MACHEN

1 EL Öl und 3 EL Popcornmais in einen Topf geben und zugedeckt bei mittlerer Hitze aufpoppen lassen. Popcorn salzen und auf die Quiche streuen.

TEIG: Mehl, ½ TL Salz, Butter in Stückchen und Ei mit den Knethaken des Handrührgeräts zu einem glatten Teig verkneten. Zu einer Kugel formen und zugedeckt 30 Min. kalt stellen.

FÜLLUNG: Inzwischen Milch in einem Topf zum Kochen bringen, Polenta einrühren und 5 Min. auf der ausgeschalteten Herdplatte ausquellen lassen. Schmand und Eier unterrühren und den Guss mit Salz und Pfeffer würzen. Das Filet abbrausen, trocken tupfen und in zwölf dünne, schmale Streifen schneiden. Die Speckstreifen längs halbieren. Zwölf Speckstreifen mit je einem Hähnchenstreifen belegen und zu einer Schnecke aufrollen. So fortfahren, bis alle Hähnchenstreifen aufgebraucht sind.

FERTIGSTELLEN: Den Backofen auf 200° vorheizen. Die Tarteform fetten. Den Teig auf der leicht bemehlten Arbeitsfläche etwas größer als die Form rund ausrollen und diese damit auskleiden. Den Boden mehrmals einstechen.

Den Mais in einem Sieb abtropfen lassen. Die Hähnchen-Speck-Röllchen am Rand der Tarte entlang auf den Boden setzen. Den Mais auf der freien Teigfläche verteilen. Den Guss einfüllen und die restlichen Speckstreifen strahlenförmig zur Tartemitte hin anordnen. Die Tarte im heißen Ofen (Mitte) ca. 35 Min. backen, bis der Guss gestockt ist.

Für 1 Springform (26 cm ∅, 12 Stücke) • 35 Min. Zubereitung • 30 Min. Ruhen • 40 Min. Backen •
Pro Stück ca. 280 kcal, 10 g E, 19 g F, 17 g KH

LAUCH-APFEL-QUICHE MIT RÄUCHERFORELLE

EINFACH

FÜR DEN TEIG

250 g Mehl
Salz
120 g kalte Butter
1 Ei

FÜR DIE FÜLLUNG

1 Apfel
2 Stangen Lauch (ca. 500 g)
250 g Räucherforellenfilets
1 EL Butter
Salz, Pfeffer
250 g Sahne
3 Eier

AUSSERDEM

weiche Butter für die Form
Mehl zum Arbeiten
getrocknete Hülsenfrüchte zum
* Blindbacken*

TEIG: Mehl, ½ TL Salz, Butter in Stückchen, Ei und nach Bedarf 2–4 EL Wasser mit den Knethaken des Handrührgeräts zu einem glatten Teig verkneten. Zu einer Kugel formen und zugedeckt 30 Min. kalt stellen.

FÜLLUNG: Inzwischen den Apfel waschen, vierteln, vom Kerngehäuse befreien und in dünne Spalten schneiden. Lauch putzen, längs aufschneiden, waschen und in 1 cm breite Ringe schneiden. Forellenfilets mit einer Gabel klein zupfen. Butter in einer großen Pfanne erhitzen, die Apfelspalten darin ca. 2 Min. andünsten, herausheben und beiseitestellen. Lauch in die Pfanne geben und bei mittlerer Hitze weich dünsten, salzen und pfeffern.

BLINDBACKEN: Den Backofen auf 200° vorheizen. Die Form fetten. Den Teig auf der leicht bemehlten Arbeitsfläche etwas größer als die Form rund ausrollen und diese damit auskleiden, dabei einen ca. 3 cm hohen Rand formen. Den Boden mehrmals einstechen, mit Backpapier und Hülsenfrüchten belegen und im heißen Ofen (unten) ca. 10 Min. blindbacken.

FERTIGSTELLEN: Lauch und Forelle auf dem Teig verteilen. Die Sahne mit den Eiern verquirlen, salzen und pfeffern und darübergießen. Die Apfelspalten kreisförmig auf der Quiche anordnen und diese im heißen Ofen (unten) in 25–30 Min. goldbraun backen.

1

2

3

BRATWURST-KARTOFFEL-QUICHE
MIT BALSAMICO-ZWIEBELN

FÜR GÄSTE

4

5

6

Für 1 Springform (26 cm ⌀, 8 Stücke) • 35 Min. Zubereitung • 30 Min. Garen • 1 Std. Backen •
Pro Stück ca. 480 kcal, 17 g E, 34 g F, 25 g KH

FÜR DIE FÜLLUNG

750 g vorwiegend festkochende Kartoffeln
6 rohe Bratwürste (à ca. 20 cm Länge)
16 Salbeiblätter
200 g Sahne
3 Eier
Salz, Pfeffer
1 EL Olivenöl

FÜR DEN TEIG

275 g Blätterteig (Kühlregal)

FÜR DIE BALSAMICO-ZWIEBELN

2 rote Zwiebeln
1 EL Olivenöl
1 TL Honig
2 EL Aceto balsamico
Salz, Pfeffer

AUSSERDEM

2 Holz-Schaschlikspieße
weiche Butter für die Form (ersatzweise Olivenöl)
getrocknete Hülsenfrüchte zum Blindbacken

FÜLLUNG: Kartoffeln waschen und in wenig Wasser zugedeckt bei mittlerer Hitze 25–30 Min. kochen, ausdampfen lassen. Den Backofen auf 200° vorheizen. Bratwürste zu einer Schnecke legen und diese mit Holzspießen fixieren (Bild 1). Salbei waschen, trocknen und die Hälfte davon in die Ritzen zwischen den Würsten stecken oder darauf verteilen (Bild 2).

BLINDBACKEN: Backpapier am Boden der Form einspannen, den Rand fetten. Blätterteig einpassen, sodass ein ca. 3 cm hoher Rand entsteht. Den Boden mehrmals einstechen, mit Backpapier und Hülsenfrüchten belegen und im heißen Ofen (unten) 10 Min. blindbacken.

FERTIGSTELLEN: Kartoffeln pellen und in ca. 4 mm dicke Scheiben schneiden. Die Sahne mit Eiern, Salz und Pfeffer verquirlen. Den Boden mit Kartoffeln belegen und salzen und pfeffern. Den Guss darübergießen. Die Wurstschnecke darauflegen (Bild 3) und die Quiche im heißen Ofen (unten) 50 Min. backen. Nach 40 Min. mit dem restlichen Salbei bestreuen und mit Öl beträufeln (Bild 4).

BALSAMICO-ZWIEBELN: Inzwischen Zwiebeln schälen, halbieren und in dünne Halbringe schneiden. Das Öl in einem kleinen Topf erhitzen und die Zwiebeln darin 5 Min. andünsten. Den Honig dazugeben und die Zwiebeln 1 Min. karamellisieren, dann mit Essig ablöschen (Bild 5). Die Zwiebeln mit 5 EL Wasser bei kleiner Hitze 15 Min. unter gelegentlichem Rühren zugedeckt dünsten, salzen und pfeffern. Die Quiche mit den Zwiebeln servieren (Bild 6).

QUICHES DE LUXE

Für 1 Tarteform (26 cm ⌀, 12 Stücke) • 25 Min. Zubereitung • 30 Min. Ruhen • 30 Min. Backen •
Pro Stück ca. 180 kcal, 3 g E, 11 g F, 17 g KH

TARTE TATIN MIT ARTISCHOCKEN

SOMMER-REZEPT

FÜR DEN TEIG
180 g Mehl
100 g kalte Butter
Salz

FÜR DEN BELAG
½ Bio-Zitrone
2 Zwiebeln
2 Knoblauchzehen
560 g Artischockenherzen
   (aus dem Glas)
2 EL Olivenöl
4 EL Kalamata-Oliven
2 EL Rohrzucker
Salz, Pfeffer

AUSSERDEM
Mehl zum Arbeiten

TEIG: Mehl, Butter in Stückchen, ½ TL Salz und nach Bedarf 2–4 EL kaltes Wasser mit den Knethaken des Handrührgeräts zu einem glatten Teig verkneten. Zu einer Kugel formen und 30 Min. kalt stellen.

BELAG: Inzwischen die Zitronenhälfte heiß waschen, abtrocknen, 1 TL Schale abreiben und 2 EL Saft auspressen. Zwiebeln schälen, längs halbieren und in dünne Halbringe schneiden. Knoblauch schälen und in Scheiben schneiden. Artischocken abtropfen lassen.

Den Backofen auf 200° vorheizen. Olivenöl in einer Pfanne erhitzen und die Zwiebeln darin bei mittlerer bis großer Hitze ca. 3 Min. anbraten. Knoblauch dazugeben und 1 Min. mitbraten. Die Zwiebelmischung mit Zitronensaft ablöschen, Artischocken, Oliven und Zitronenschale dazugeben und den Zucker darüberstreuen. Alles weiterbraten, bis der Zucker karamellisiert ist.

FERTIGSTELLEN: Den Teig auf der leicht bemehlten Arbeitsfläche zu einem Kreis in Größe der Form ausrollen. Artischockengemüse mit Salz und Pfeffer abschmecken und auf dem Boden der Tarteform verteilen. Den Teig darüberlegen und am Rand in die Form drücken, mehrmals einstechen. Die Tarte im heißen Ofen (Mitte) in 25–30 Min. goldbraun backen, dann auf eine Servierplatte stürzen.

Für 1 rechteckige Form (25 × 30 cm, 12 Stücke) • 20 Min. Zubereitung • 30 Min. Ruhen • 25 Min. Backen •
Pro Stück ca. 320 kcal, 11 g E, 22 g F, 19 g KH

RICOTTAKUCHEN MIT GETROCKNETEN TOMATEN

FÜRS BÜFETT

FÜR DEN TEIG

300 g Pizzamehl (Type 00; ersatz-
weise Weizenmehl Type 405)
10 g frische Hefe
Salz
1 ½ EL Olivenöl

FÜR DIE FÜLLUNG

1 Glas getrocknete, in Öl eingelegte
Tomaten (280 g)
125 g Mozzarella
250 g Ricotta
5 Eier
Salz, Pfeffer

FÜR DAS TOPPING

1 kleines Bund Basilikum
50 g Parmaschinken in hauchdün-
nen Scheiben

AUSSERDEM

1 TL Olivenöl für die Form
Mehl zum Arbeiten

TEIG: Mehl, zerbröckelte Hefe, ½ TL Salz, Olivenöl und 150 ml lauwarmes Wasser in einer Rührschüssel mit den Knethaken des Handrührgeräts zu einem glatten Teig verkneten. Zugedeckt an einem warmen Ort 30 Min. gehen lassen.

Nach der Ruhezeit den Backofen auf 220° vorheizen. Die Form mit Olivenöl ausstreichen. Den Teig auf der leicht bemehlten Arbeitsfläche zu einem Rechteck von ca. 27 × 32 cm ausrollen und die Form damit auskleiden, sodass ein kleiner Rand entsteht. Den Boden mehrmals einstechen und zugedeckt ruhen lassen, bis der Belag fertig ist.

FÜLLUNG: Die Tomaten in ein Sieb abgießen und gut abtropfen lassen, dann in Streifen schneiden. Mozzarella ebenfalls abtropfen lassen und würfeln. Den Ricotta mit den Eiern verquirlen und den Guss mit Salz und Pfeffer abschmecken. Tomaten und Mozzarella auf dem Teigboden verteilen. Den Guss darübergießen und den Kuchen im heißen Ofen (unten) 25 Min. backen.

TOPPING: Basilikum waschen, trocken tupfen und die Blätter abzupfen. Den fertigen Kuchen aus dem Ofen nehmen, mit Parmaschinken und Basilikum belegen, in Stücke schneiden und servieren.

Für 1 Tarteform (28 cm ⌀, 8 Stücke) • 25 Min. Zubereitung • 1 Std. Ruhen • 25 Min. Backen •
Pro Stück ca. 305 kcal, 14 g E, 14 g F, 30 g KH

TOMATEN-FLADEN MIT RUCOLA UND THUNFISCH

FÜR GÄSTE

FÜR DEN TEIG

300 g Pizzamehl (Type 00; ersatz-
weise Weizenmehl Type 405)
10 g frische Hefe
Salz
1 ½ EL Olivenöl

FÜR DEN BELAG

2 Knoblauchzehen
250 g Kirschtomaten
125 g Mozzarella
1 EL Olivenöl
Salz

FÜR DAS TOPPING

1 ½ TL rosa Pfefferbeeren
1 Handvoll Rucola
2 EL Olivenöl
250 g Thunfischsteak
Salz
2 EL Crema di balsamico

AUSSERDEM

1 TL Olivenöl für die Form
Mehl zum Arbeiten

TEIG: Mehl, zerbröckelte Hefe, ½ TL Salz, Öl und 150 ml lau-warmes Wasser in einer Rührschüssel mit den Knethaken des Handrührgeräts zu einem glatten Teig verkneten. Zugedeckt bei Raumtemperatur 45 Min. gehen lassen.

BELAG: Inzwischen den Knoblauch schälen und in feine Scheiben schneiden. Tomaten waschen und abtrocknen. Den Mozzarella abtropfen lassen und in kleine Würfel schneiden.

FERTIGSTELLEN: Die Form fetten. Den Teig auf der leicht bemehlten Arbeitsfläche in der Größe der Form rund ausrol-len und hineinlegen. Die Tomaten gleichmäßig in den Teig drücken. Den Fladen mit Knoblauch bestreuen und mit Oli-venöl bestreichen, dann salzen, mit Mozzarella belegen und nochmals 15 Min. zugedeckt ruhen lassen. Inzwischen den Backofen auf 220° vorheizen. Den Fladen im heißen Ofen (un-ten) in 20–25 Min. goldbraun backen.

TOPPING: Die Pfefferbeeren in einem Mörser grob zerstο-ßen. Rucola verlesen, von groben Stielen befreien, waschen und trocken schütteln. 5 Min. vor Ende der Backzeit das Öl in einer Pfanne stark erhitzen. Das Thunfischsteak trocken tup-fen, dann pro Seite 1 Min. scharf anbraten. Die Herdplatte ausschalten und das Steak 1 Min. pro Seite nachziehen lassen, salzen und quer in dünne Scheiben schneiden. Den Fladen in Stücke schneiden, mit Rucola und Thunfisch belegen, mit rosa Pfefferbeeren bestreuen und mit Crema di balsamico beträu-felt sofort servieren.

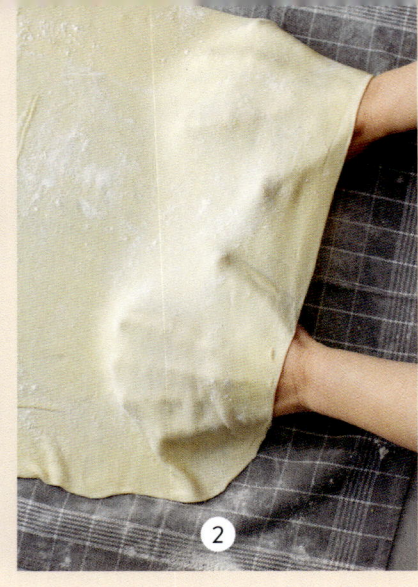

STRUDELSCHNECKE MIT SCHWARZWURZELN UND LACHS

WINTER-REZEPT

Für 1 Springform (26 cm ∅, 12 Stücke) • 1 Std. Zubereitung • 1 Std. Ruhen • 30 Min. Backen •
Pro Stück ca. 220 kcal, 8 g E, 14 g F, 15 g KH

FÜR DEN TEIG
230 g Mehl
30 ml Rapsöl
Salz

FÜR DIE FÜLLUNG
1 kg Schwarzwurzeln
Salz
1 Bio-Zitrone
75 g Butter
300 g geräucherter Lachs in
  Scheiben
150 g Schmand
Pfeffer

AUSSERDEM
Mehl zum Arbeiten

TEIG: Mehl, Öl, ½ TL Salz und 110 ml lauwarmes Wasser in einer Schüssel mit den Knethaken des Handrührgeräts glatt kneten. Zugedeckt bei Raumtemperatur 1 Std. ruhen lassen.

FÜLLUNG: Inzwischen alle Zutaten für die Füllung bereitstellen (Bild 1). Die Schwarzwurzeln am besten mit Handschuhen schälen, in 4 cm lange Stücke schneiden und in kochendem Salzwasser ca. 10 Min. garen. Abgießen und abtropfen lassen. Die Zitrone waschen, trocknen und 2 TL Schale abreiben. Die Butter in einem kleinen Topf bei kleiner Hitze zerlassen.

FERTIGSTELLEN: Den Backofen auf 200° vorheizen. Die Form mit etwas flüssiger Butter fetten. Den Teig auf einem bemehlten sauberen Küchentuch sehr dünn ausrollen. Mit den Handrücken unter den Teig fahren und diesen nach außen ziehen (Bild 2), bis er so dünn ist, dass man durchschauen kann. Die Hälfte der Butter auf dem Teig verstreichen. Auf die untere Teighälfte in Längsrichtung mit Abstand zum Rand die Lachsscheiben auslegen. Mit Schmand bestreichen, darauf Schwarzwurzeln und Zitronenschale verteilen und alles mit Salz und Pfeffer würzen (Bild 3).

Die Teigränder über die Füllung schlagen und den Strudel mit dem Küchentuch von unten aufrollen (Bild 4). Zu einer Schnecke formen und diese mit dem Tuch auf den Springformboden stürzen (Bild 5), den Rand darumlegen. Strudelschnecke mit restlicher Butter bestreichen und im heißen Ofen (unten) in 25–30 Min. goldbraun backen (Bild 6).

Für 1 Tarteform (26 cm Ø, 12 Stücke) • 40 Min. Zubereitung • 30 Min. Ruhen • 40 Min. Backen •
Pro Stück ca. 300 kcal, 7 g E, 25 g F, 12 g KH

ENDIVIEN-GORGONZOLA-TARTE MIT NUSSKNUSPER ◣

FÜR GÄSTE

FÜR DEN TEIG

50 g Haselnusskerne
150 g Mehl
120 g kalte Butter
Salz
1 Ei

FÜR DIE FÜLLUNG

1 Kopf Endiviensalat (ca. 500 g)
1 EL Butter
200 g Sahne
3 Eier
Salz, Pfeffer
100 g Gorgonzola

FÜR DAS TOPPING

50 g Haselnusskerne
1 EL Honig
Salz

AUSSERDEM

weiche Butter für die Form
Mehl zum Arbeiten
getrocknete Hülsenfrüchte zum
    Blindbacken

TEIG: Nüsse im Blitzhacker fein mahlen und mit Mehl, Butter in Stückchen, ½ TL Salz, Ei und nach Bedarf 2–3 EL Wasser in einer Rührschüssel mit den Knethaken des Handrührgeräts zu einem glatten Teig verkneten. Zu einer Kugel formen und 30 Min. kalt stellen.

FÜLLUNG: Inzwischen den Salat putzen, in feine Streifen schneiden, waschen und trocken schleudern. Butter in einer Pfanne zerlassen, die Salatstreifen darin zugedeckt bei mittlerer Hitze in 3 Min. zusammenfallen lassen. Sahne mit Eiern, Salz und Pfeffer verquirlen. Gorgonzola würfeln.

BLINDBACKEN: Den Backofen auf 200° vorheizen. Die Form fetten. Den Teig auf der leicht bemehlten Arbeitsfläche etwas größer als die Form rund ausrollen und diese damit auskleiden. Den Boden mehrmals einstechen, mit Backpapier und Hülsenfrüchten belegen und im heißen Ofen (unten) 10 Min. blindbacken.

FERTIGSTELLEN: Salat gut ausdrücken, auf dem Boden verteilen und mit Gorgonzola bestreuen. Den Guss darübergießen und die Tarte im heißen Ofen (unten) in 25–30 Min. fertig backen.

TOPPING: Nüsse grob hacken, in einer Pfanne bei mittlerer bis starker Hitze anrösten und dann mit Honig und 1 Prise Salz karamellisieren lassen. Den Nussknusper auf Backpapier erkalten lassen und zum Servieren auf die fertige Tarte streuen.

Endivien wird üblicherweise roh als Salat gegessen. Hier wird das robuste Blattgemüse in der Füllung gleich mitgebacken. So kann es, in Kombination mit würzigem Gorgonzola, sein fein-herbes Aroma perfekt entfalten.

Für 1 rechteckige Form (25 × 30 cm, 12 Stücke) • 45 Min. Zubereitung • 30 Min. Ruhen • 40 Min. Backen •
Pro Stück ca. 395 kcal, 11 g E, 33 g F, 15 g KH

PASTINAKEN-TARTE MIT TALEGGIO UND KÜRBISKERN-GREMOLATA 🍃

GUT VORZUBEREITEN

FÜR DEN TEIG
100 g Kürbiskerne
130 g Dinkelmehl (Type 1050)
120 g kalte Butter
Salz
1 Ei

FÜR DIE FÜLLUNG
600 g Pastinaken
1 EL Butter
Salz, Pfeffer
200 g Taleggio
250 g Sahne
3 Eier

FÜR DIE GREMOLATA
50 g Kürbiskerne
1 Bund glatte Petersilie
4 EL Kürbiskernöl
Salz

AUSSERDEM
weiche Butter für die Form
Mehl zum Arbeiten
getrocknete Hülsenfrüchte zum
  Blindbacken

TEIG: Kürbiskerne im Blitzhacker fein mahlen und mit Mehl, Butter in Stückchen, ½ TL Salz und Ei in einer Rührschüssel mit den Knethaken des Handrührgeräts zu einem glatten Teig verkneten. Den Teig zu einer Kugel formen und zugedeckt 30 Min. kalt stellen.

FÜLLUNG: Inzwischen die Pastinaken putzen, schälen, längs vierteln und quer in dünne Scheiben schneiden. Die Butter in einer Pfanne erhitzen und die Pastinaken darin bei mittlerer Hitze unter gelegentlichem Rühren zugedeckt ca. 8 Min. dünsten. Mit Salz und Pfeffer würzen. Den Taleggio würfeln. Sahne mit Eiern, Salz und Pfeffer verquirlen.

FERTIGSTELLEN: Den Backofen auf 200° vorheizen. Die Form fetten. Den Teig auf der leicht bemehlten Arbeitsfläche etwas größer als die Form rechteckig ausrollen und diese damit auskleiden. Den Boden mehrmals einstechen, mit Backpapier und Hülsenfrüchten belegen und im heißen Ofen (unten) ca. 10 Min. blindbacken. Anschließend mit Pastinaken und Taleggio belegen. Den Guss darübergießen und die Tarte im heißen Ofen (unten) in 25–30 Min. goldbraun backen.

GREMOLATA: Kürbiskerne grob hacken. Petersilie waschen, trocken schütteln und die Blättchen ebenfalls hacken. Beides mit Öl und 1 Prise Salz mischen. Die Tarte mit der Gremolata toppen und servieren.

Für 1 Tarteform (26 cm ⌀, 4 Stücke) • 35 Min. Zubereitung • 1 Std. Ruhen • 25 Min. Backen •
Pro Stück ca. 650 kcal, 23 g E, 39 g F, 42 g KH

REH-WALDPILZ-PIE

HERBST-REZEPT

FÜR DEN TEIG
180 g Mehl
100 g kalte Butter
Salz

FÜR DAS RAGOUT
500 g Rehgulasch in 2 cm großen
*   Würfeln*
500 g gemischte Waldpilze
1 Zwiebel
3 Stängel Petersilie
2 EL Butter
1 TL Mehl
150 ml trockener Rotwein
Salz, Pfeffer
20 g Zartbitterschokolade

AUSSERDEM
Mehl zum Arbeiten
1 Ei

TEIG: Mehl, Butter in Stückchen, ½ TL Salz und 2 EL kaltes Wasser in einer Rührschüssel mit den Knethaken des Handrührgeräts glatt kneten. Zu einer Kugel formen und zugedeckt 1 Std. kalt stellen.

RAGOUT: Das Fleisch trocken tupfen. Pilze bei Bedarf trocken abreiben und kleiner schneiden. Zwiebel schälen und klein würfeln. Petersilie waschen, trocken schütteln und die Blättchen hacken.

Butter in einer großen Pfanne zerlassen. Das Fleisch darin bei großer Hitze 3 Min. rundherum anbraten, ohne es zu bräunen. Fleisch aus der Pfanne heben und Zwiebel und Pilze im Bratensatz anbraten, bis die Flüssigkeit verdampft ist. Das Fleisch dazugeben und mit Mehl bestäuben, umrühren und mit Wein ablöschen. Ragout salzen, pfeffern und offen bei mittlerer Hitze 5 Min. köcheln lassen. Schokolade in Stücke brechen und im Ragout schmelzen. Petersilie unterrühren und alles mit Salz und Pfeffer abschmecken.

FERTIGSTELLEN: Den Backofen auf 200° vorheizen. Den Teig auf der leicht bemehlten Arbeitsfläche rund ausrollen (ca. 29 cm ⌀), mittig ein Loch ausstechen (ca. 4 cm ⌀), damit entstehender Dampf entweichen kann. Ragout in die Form geben, Teigdeckel darauflegen und den überstehenden Rand außen am Formrand nach unten drücken. Das Ei verquirlen und den Teigdeckel damit bestreichen. Die Pie im heißen Ofen (unten) in 25 Min. goldbraun backen.

QUICHES IM MINIFORMAT

KALTE QUICHES MIT ZUCCHINI UND LACHS

FÜRS BÜFETT

Für 4 Dessertringe (8 cm ⌀) • 35 Min. Zubereitung • 2 Std. Kühlen •
Pro Stück ca. 280 kcal, 18 g E, 18 g F, 11 g KH

FÜR DEN BODEN

100 g Pumpernickel
20 g Butter

FÜR DIE CREME

30 g Sahne
150 g geräucherter Lachs in
 Scheiben
150 g Frischkäse
Salz, Pfeffer
1 schmaler Zucchino (ca. 150 g)

AUSSERDEM

1 TL Öl für die Ringe

BODEN: Die Ringe ölen und auf ein mit Backpapier belegtes Brett stellen. Pumpernickel würfeln und mit der Küchenmaschine oder auf einer feinen Reibe zerkleinern. Butter zerlassen, mit den Pumpernickelbröseln mischen. Die Mischung in die Ringe geben und am Boden fest andrücken (Bild 1).

CREME: Die Sahne steif schlagen – am besten mit einem Milchaufschäumer in einem schmalen Rührbecher (Bild 2). 120 g Lachs kleiner zupfen, mit dem Frischkäse in einem Rührbecher zu einer homogenen Creme pürieren. Die Sahne unterheben und die Creme mit Salz und Pfeffer abschmecken.

FERTIGSTELLEN: Zucchino putzen, waschen und längs halbieren. An den Schnittstellen mit einem Sparschäler vier lange Streifen abschälen (Bild 3). Je einen Streifen entlang des inneren Randes jedes Dessertrings legen (Bild 4). Sollte ein Streifen nicht genügen, noch weitere Streifen abschälen und den Zucchiniring schließen. Restlichen Zucchino klein würfeln und unter die Creme heben. Die Lachs-Zucchini-Creme auf den Böden verteilen und mit einem angefeuchteten Löffelrücken glatt streichen (Bild 5). Restlichen Lachs in vier längliche Streifen schneiden, diese zu Röllchen formen und auf die Quiches legen. Die Quiches mindestens 2 Std. kalt stellen.

SERVIEREN: Die Törtchen samt der Dessertringe auf vier Teller heben, dann die Ringe abziehen (Bild 6).

GU CLOU

Für diese Mini-Quiches braucht man keinen Ofen! Der Boden aus würzigem Pumpernickel und Butter wird im Kühlschrank fest und ergibt mit dem Zucchini-Rand und der feinen Creme aus Frischkäse eine perfekte Vorspeise für heiße Tage.

Für 5 Stück • 25 Min. Zubereitung • 25 Min. Backen •
Pro Stück ca. 825 kcal, 33 g E, 52 g F, 56 g KH

LAMM-KICHERERBSEN-TASCHEN MIT TOMATENSALAT

ORIENTALISCH

FÜR DIE FÜLLUNG

1 Dose Kichererbsen (265 g Abtropfgewicht)
400 g Lammfleisch (Lende oder Keule)
100 g saure Sahne
1 TL Harissa (ersatzweise Ras el Hanout oder Garam Masala)
1 TL Honig
Salz, Pfeffer

FÜR DEN TEIG

70 g Butter
250 g Filoteig

FÜR DEN SALAT

3 Strauchtomaten
4 Stängel glatte Petersilie
1 TL Honig
2 EL Olivenöl
Salz, Pfeffer

FÜLLUNG: Die Kichererbsen in ein Sieb abgießen, abspülen und abtropfen lassen. Das Fleisch bei Bedarf von Sehnen befreien und in 2 cm große Würfel schneiden. Lamm, Kichererbsen, saure Sahne, Harissa und Honig in einer Schüssel mischen und mit Salz und Pfeffer würzen.

TEIG: Den Backofen auf 180° vorheizen. Die Butter in einem kleinen Topf bei kleiner Hitze zerlassen. Pro Tasche zwei Blätter Filoteig dünn mit Butter bestreichen und Kante auf Kante übereinanderlegen.

FERTIGSTELLEN: In die Mitte je ein Fünftel der Lamm-Kichererbsen-Mischung geben. Die untere Filoteigkante nach oben über die Füllung schlagen, dann die obere Kante nach unten klappen. Zum Schluss die noch offenen Seiten unter das Päckchen schlagen. Die Päckchen so auf ein mit Backpapier belegtes Blech legen, mit der restlichen Butter bestreichen und im heißen Ofen (Mitte) in 25 Min. goldbraun backen.

SALAT: Inzwischen die Tomaten waschen, abtrocknen, halbieren, von Stielansätzen befreien und in 1–2 cm große Würfel schneiden. Petersilie waschen, trocken schütteln und die Blättchen abzupfen. Diese grob hacken und mit Tomaten, Honig, Olivenöl, Salz und Pfeffer mischen. Lamm-Kichererbsen-Taschen auf einer Servierplatte anrichten, mit dem Tomatensalat toppen und servieren.

LINSEN-QUICHES MIT DEBREZINER

GÜNSTIG

FÜR DEN TEIG
200 g Mehl
120 g kalte Butter
1 Ei
Salz

FÜR DIE FÜLLUNG
150 g Pardina-Linsen
150 g Debreziner Würste
150 g Sahne
2 Eier
2 TL süßer Senf
Salz, Pfeffer
1 EL Aceto balsamico
1 TL Honig

AUSSERDEM
weiche Butter für die Form
Mehl zum Arbeiten

TEIG: Mehl, Butter in Stückchen, Ei und ½ TL Salz in einer Rührschüssel mit den Knethaken des Handrührgeräts zu einem glatten Teig verkneten. Zu einer Kugel formen und zugedeckt 30 Min. kalt stellen.

FÜLLUNG: Inzwischen die Linsen in einem kleinen Topf mit 450 ml Wasser bedecken, zum Kochen bringen und zugedeckt bei mittlerer Hitze ca. 35 Min. bzw. nach Packungsanweisung garen. Währenddessen die Würste längs vierteln und quer in Stücke schneiden. Sahne, Eier und Senf in einem Rührbecher verquirlen und mit Salz und Pfeffer abschmecken. Die fertigen Linsen in ein Sieb abgießen und gut abtropfen lassen. Linsen mit Wurststückchen, Aceto balsamico und Honig mischen und mit Salz und Pfeffer abschmecken.

FERTIGSTELLEN: Die Mulden der Muffinform fetten. Den Backofen auf 200° vorheizen. Den Teig auf der leicht bemehlten Arbeitsfläche dünn ausrollen und daraus zwölf Kreise mit je ca. 12 cm ⌀ ausstechen. Die Teigkreise in die Mulden der Form legen und mehrmals einstechen. Die Linsenmischung in die Teigkörbchen geben und den Guss darauf verteilen. Die Quiches im heißen Backofen (unten) in 20–25 Min. goldbraun backen, kurz ruhen lassen, aus der Form lösen und am besten lauwarm servieren.

Für 6 Tarteletteförmchen (10 cm ⌀) • 40 Min. Zubereitung • 30 Min. Ruhen • 25 Min. Backen •
Pro Stück ca. 475 kcal, 12 g E, 30 g F, 36 g KH

DATTEL-SPECK-TARTELETTES

FÜR GÄSTE

FÜR DEN TEIG

100 g Rauchmandeln
150 g Mehl
Salz
100 g kalte Butter
1 Ei

FÜR DIE FÜLLUNG

150 g Datteln
100 g durchwachsener Räucher-
speck in dünnen Scheiben
1 mittelgroße Zwiebel
Pfeffer

AUSSERDEM

Mehl zum Arbeiten
weiche Butter für die Förmchen
1 Ei

TEIG: Rauchmandeln im Blitzhacker fein mahlen und mit Mehl, ½ TL Salz, Butter in Stückchen, Ei und nach Bedarf 2–4 EL Wasser in einer Rührschüssel mit den Knethaken des Handrührgeräts zu einem glatten Teig verkneten. Zu einer Kugel formen und zugedeckt 30 Min. kalt stellen.

FÜLLUNG: Inzwischen die Datteln halbieren, entkernen, klein würfeln und in einem Schälchen mit warmem Wasser bedeckt 10 Min. einweichen lassen. Speck klein würfeln und in einer Pfanne ohne Fett bei mittlerer bis großer Hitze auslassen. Zwiebel schälen und klein würfeln, zum Speck geben und 3 Min. bei mittlerer Hitze mitdünsten. Datteln abgießen, dabei das Einweichwasser auffangen. Datteln mit 5 EL Einweichwasser unter die Speck-Zwiebel-Mischung heben und alles mit Pfeffer würzen. Herdplatte ausschalten.

FERTIGSTELLEN: Den Backofen auf 180° vorheizen. Den Teig auf der leicht bemehlten Arbeitsfläche dünn ausrollen und daraus mit einem Förmchen sechs Kreise ausstechen. Die Förmchen fetten, mit je einem Teigkreis auskleiden und die Böden mehrmals einstechen. Die Füllung auf den Böden verteilen. Restlichen Teig in schmale Streifen schneiden und als Gittermuster auf die Tartelettes legen. Das Ei verquirlen und das Teiggitter damit bestreichen. Die Tartelettes auf ein Backblech stellen und im heißen Ofen (unten) in 20–25 Min. goldbraun backen. Mit einem knackigen Blattsalat servieren.

Für 1 Muffinform (12 Mulden) • 30 Min. Zubereitung • 30 Min. Ruhen • 25 Min. Backen •
Pro Stück ca. 180 kcal, 7 g E, 11 g F, 11 g KH

BIRNEN-RACLETTE-KÜCHLEIN 🍃

HERBST-REZEPT

FÜR DEN TEIG
250 g Bauernbrot-Backmischung
10 g frische Hefe

FÜR DIE FÜLLUNG
200 g Raclettekäse
200 g Sahne
2 Eier
Salz, Pfeffer

FÜR DAS TOPPING
1 große Birne (ca. 300 g;
*   z. B. Abate Fetel)*
1 Frühlingszwiebel
1 TL Honig
1 TL Zitronensaft
Salz, Pfeffer

AUSSERDEM
weiche Butter für die Form
Mehl zum Arbeiten

TEIG: Die Backmischung in eine Rührschüssel geben. Die Hefe zerbröckeln und mit 170 ml lauwarmem Wasser verrühren, dann in die Schüssel geben und alles mit den Knethaken des Handrührgeräts zu einem geschmeidigen Teig verkneten. Zugedeckt 20 Min. an einem warmen Ort ruhen lassen.

FÜLLUNG: Inzwischen den Käse in ca. 1 cm große Würfel schneiden. Die Sahne mit den Eiern verquirlen und den Guss salzen und pfeffern.

TOPPING: Die Birne waschen, vierteln, vom Kerngehäuse befreien und klein würfeln. Die Frühlingszwiebel putzen, waschen und in feine Ringe schneiden. Beides in einer Schüssel mit Honig und Zitronensaft vermischen und mit Salz und Pfeffer abschmecken.

FERTIGSTELLEN: Den Backofen auf 220° vorheizen. Die Mulden der Muffinform fetten. Den Teig auf der leicht bemehlten Arbeitsfläche zu einem ca. 30 × 40 cm großen Rechteck ausrollen und daraus zwölf Kreise von ca. 10 cm ⌀ ausstechen. In jede Mulde der Form einen Teigkreis legen und an den Rändern etwas nach oben drücken. Die Teigkörbchen zugedeckt nochmals 10 Min. ruhen lassen.

Den Käse in die Teigkörbchen verteilen und den Guss daraufgeben. Die Ofentemperatur auf 200° reduzieren und die Küchlein im heißen Ofen (Mitte) 20–25 Min. backen. Anschließend mit der Birnen-Zwiebel-Mischung toppen und servieren.

*Für 6 Tarteletteförmchen (10 cm ∅) • 15 Min. Zubereitung • 25 Min. Backen •
Pro Stück ca. 335 kcal, 10 g E, 21 g F, 25 g KH*

ZIEGENKÄSE-TARTELETTES

SCHNELL

*300 g Quiche- und Tarteteig
(aus dem Kühlregal)
150 g Ziegenfrischkäse
3 Eier
Salz, Pfeffer
1 ½ TL getrockneter Thymian
1 EL Honig*

AUSSERDEM
*weiche Butter für die
Förmchen*

1 Den Backofen auf 200° vorheizen. Den Teig entrollen und daraus sechs Kreise ausschneiden, die etwas größer sind als die Förmchen. Die Förmchen fetten und mit den Teigkreisen auskleiden. Die Teigböden mehrmals einstechen.

2 Ziegenfrischkäse, Eier, Salz und Pfeffer in eine Rührschüssel geben und mit dem Schneebesen glatt verquirlen. Den Guss auf die Teigböden gießen und die Tartelettes im heißen Ofen (unten) ca. 25 Min. backen, bis der Guss gestockt ist und die Teigränder goldbraun sind.

3 Die Tartelettes aus dem Ofen holen, mit Thymian bestreuen und mit Honig beträufeln. Am besten lauwarm mit Blattsalat servieren.

Für 1 Muffinform (12 Mulden) • 15 Min. Zubereitung • 25 Min. Backen •
Pro Stück ca. 190 kcal, 8 g E, 10 g F, 17 g KH

CAMEMBERT-TÖRTCHEN

EINFACH

300 g Quiche- und Tarteteig
   (aus dem Kühlregal)
200 g Camembert
100 ml Milch
2 Eier
Salz, Pfeffer
4 EL Semmelbrösel
6 EL Preiselbeeren
   (aus dem Glas)

AUSSERDEM
weiche Butter für die Form

1 Den Backofen auf 200° vorheizen. Die Mulden der Form fetten. Den Teig entrollen und daraus 12 Kreise mit ca. 12 cm ⌀ ausstechen. Die Kreise in die Mulden der Muffinform legen, sodass ein ca. 2 cm hoher Rand entsteht. Die Teigböden mehrmals einstechen.

2 Den Camembert in 1 cm große Würfel schneiden. Milch, Eier, Salz und Pfeffer verquirlen. Den Camembert auf die Teigkörbchen verteilen und den Guss bis kurz unter den Teigrand darübergießen.

3 Die Törtchen im heißen Ofen (unten) 25 Min. backen. Nach 15 Min. Backzeit die Semmelbrösel auf die Törtchen streuen und diese fertig backen. Die Törtchen aus dem Ofen holen, aus der Form lösen und mit Preiselbeeren getoppt servieren.

Für 6 Tartelettförmchen (10 cm ⌀) • 35 Min. Zubereitung • 30 Min. Ruhen • 30 Min. Backen •
Pro Stück ca. 335 kcal, 15 g E, 23 g F, 18 g KH

PAPRIKA-GARNELEN-KÜCHLEIN

FÜR GÄSTE

FÜR DEN TEIG

100 g Magerquark
100 g kalte Butter
120 g Mehl
Salz

FÜR DIE FÜLLUNG

2 rote Paprika
1 EL Olivenöl
Salz, Pfeffer
50 g Magerquark
1 Ei

FÜR DAS TOPPING

2 Knoblauchzehen
1 Stück frischer Ingwer (ca. 1 cm)
1 kleines Bund Koriandergrün
200 g vorgegarte Garnelen
2 EL Olivenöl
Salz, Pfeffer

AUSSERDEM

weiche Butter für die Förmchen
Mehl zum Arbeiten
getrocknete Hülsenfrüchte zum
*   Blindbacken*

TEIG: Quark etwas ausdrücken und mit Butter in Stückchen, Mehl und ½ TL Salz zu einem glatten Teig verkneten. Zu einer Kugel formen und zugedeckt 30 Min. kalt stellen.

FÜLLUNG: Inzwischen die Paprika halbieren, weiße Trennwände und Kerne entfernen, die Hälften waschen und klein würfeln. Öl in einer Pfanne erhitzen und die Paprikawürfel darin 5–7 Min. zugedeckt bei mittlerer Hitze weich dünsten, salzen und pfeffern. Quark, Ei, Salz und Pfeffer verquirlen.

BLINDBACKEN: Den Backofen auf 200° vorheizen. Förmchen fetten. Teig auf der leicht bemehlten Arbeitsfläche ausrollen, zusammenklappen, ausrollen und diesen Vorgang nochmals wiederholen. Daraus sechs Kreise von 12 cm ⌀ ausstechen und in die Förmchen legen. Böden mehrmals einstechen, mit zugeschnittenem Backpapier und Hülsenfrüchten belegen und im heißen Ofen (unten) ca. 10 Min. blindbacken.

FERTIGSTELLEN: Die Paprikawürfel auf den Böden verteilen und den Guss darübergießen. Küchlein im Ofen (unten) in 20 Min. fertig backen.

TOPPING: Knoblauch und Ingwer schälen und klein würfeln. Koriander waschen, trocken schütteln und fein hacken. Garnelen abgießen. Öl in einer Pfanne erhitzen, Ingwer und Knoblauch darin 2 Min. bei mittlerer Hitze andünsten. Garnelen mit Koriander untermischen und salzen und pfeffern. Die Küchlein aus den Förmchen lösen und mit dem Topping servieren.

Für 6 Tarteletteförmchen (10 cm ⌀) • 25 Min. Zubereitung • 30 Min. Ruhen • 30 Min. Backen •
Pro Stück ca. 295 kcal, 16 g E, 19 g F, 15 g KH

SCHINKEN-KÄSE-WÄHEN MIT FRÜHLINGSZWIEBELN

FÜR KINDER

FÜR DEN TEIG

120 g Mehl
40 g kalte Butter
Salz

FÜR DIE FÜLLUNG

3 Frühlingszwiebeln
100 g Bergkäse
150 g gekochter Schinken
100 g saure Sahne
2 Eier
Salz, Pfeffer

AUSSERDEM

weiche Butter für die Förmchen
Mehl zum Arbeiten

TEIG: Mehl, Butter in Stückchen, 60 ml kaltes Wasser und ¼ TL Salz in einer Rührschüssel mit den Knethaken des Handrührgeräts zu einem glatten Teig verkneten. Zu einer Kugel formen und zugedeckt 30 Min. kalt stellen.

FÜLLUNG: Inzwischen die Frühlingszwiebeln putzen, waschen und in feine Ringe schneiden. Käse bei Bedarf entrinden und klein würfeln. Den Schinken ebenfalls in kleine Würfel schneiden. Alle drei Zutaten in einer Schüssel mit der sauren Sahne und den Eiern mischen. Die Füllung mit Salz und Pfeffer abschmecken.

FERTIGSTELLEN: Die Förmchen fetten. Den Backofen auf 200° vorheizen. Den Teig auf der leicht bemehlten Arbeitsfläche so groß ausrollen, dass man daraus sechs Kreise mit ca. 12 cm ⌀ ausschneiden kann. Die Förmchen mit den Teigkreisen auskleiden. Die Böden mehrmals einstechen. Die Füllung auf den Teigböden verteilen und die Wähen im heißen Ofen (unten) in 25–30 Min. goldbraun backen.

Für 1 Muffinform (12 Mulden) • 40 Min. Zubereitung • 30 Min. Ruhen • 25 Min. Backen •
Pro Stück ca. 170 kcal, 5 g E, 12 g F, 12 g KH

BROKKOLI-CURRY-WÄHEN 🌿

FÜRS BÜFETT

FÜR DEN TEIG

180 g Mehl
60 g kalte Butter
Salz

FÜR DIE FÜLLUNG

250 g Brokkoli
Salz
250 g cremige Kokosmilch
  (aus dem Tetrapak)
2 Eier
1 TL Currypulver
Pfeffer
50 g Mandelstifte

AUSSERDEM

weiche Butter für die Form
Mehl zum Arbeiten

TAUSCH-TIPP

Statt mit Brokkoli schmecken
die Wähen auch mit 400 g Süß-
kartoffelwürfeln.

TEIG: Mehl, Butter in Stückchen, ½ TL Salz und 90 ml kaltes Wasser in einer Rührschüssel mit den Knethaken des Hand-rührgeräts zu einem glatten Teig verkneten. Zu einer Kugel formen und zugedeckt 30 Min. kalt stellen.

FÜLLUNG: Inzwischen den Brokkoli in kleine Röschen teilen, den Stiel schälen und in 1 cm große Würfel schneiden. Brok-koli in reichlich kochendem Salzwasser 5 Min. kochen, dann in ein Sieb abgießen und gut abtropfen lassen. Kokosmilch, Eier, Currypulver, Salz und Pfeffer in einen Rührbecher geben und miteinander verquirlen.

FERTIGSTELLEN: Die Form fetten. Den Backofen auf 200° vorheizen. Den Teig auf der leicht bemehlten Arbeitsfläche dünn ausrollen und daraus zwölf Kreise mit ca. 12 cm ⌀ aus-stechen. Die Teigkreise in die Mulden der Form legen und die Böden mehrmals einstechen. Brokkoli auf dem Teig verteilen, den Guss darübergießen und die Mandelstifte aufstreuen. Die Wähen im heißen Ofen (unten) in 25 Min. goldbraun ba-cken. Aus der Form heben und servieren.

REGISTER

Vegetarische Rezepte, die im Buch mit einem ◖ gekennzeichnet sind, sind hier grün abgesetzt.

Abkürzungsverzeichnis:
E = Eiweiß
EL = Esslöffel
(gestrichen)
F = Fett
kcal = Kilokalorien
KH = Kohlenhydrate
Msp. = Messerspitze
Pck. = Päckchen
TK = Tiefkühl
TL = Teelöffel
(gestrichen)
Ø = Durchmesser

Projektleitung: Dr. Maria Haumaier
Lektorat: Christin Geweke
Korrektorat: Waltraud Schmidt
Innen- und Umschlaggestaltung: independent Medien-Design, München: Horst Moser (Artdirection), Lucie Heselich, Svenja Wamser
Herstellung: Anna Bäumner
Satz: Kösel, Krugzell
Reproduktion: Medienprinzen GmbH, München
Druck und Bindung: Firmengruppe APPL, aprinta druck, Wemding
Syndication: www.seasons.agency
Printed in Germany

03. Auflage 2019
ISBN 978-3-8338-6618-0

 www.facebook.com/gu.verlag

GRÄFE UND UNZER

Ein Unternehmen der
GANSKE VERLAGSGRUPPE

DIE AUTORIN

Cora Wetzstein ist Ökotrophologin und erfolgreiche Kochbuchautorin. Ihr Herz schlägt für abwechslungsreiche, gesunde Gerichte mit hohem Genussfaktor, die sich in jeder Küche einfach und schnell umsetzen lassen. Quiches gehören zu ihren Favoriten.

DIE FOTOGRAFINNEN

Maria Grossmann und **Monika Schürle** arbeiten seit Jahren gemeinsam in den Bereichen Food, Still und Interieur in Hamburg und Berlin. Ihre Auftraggeber sind Magazine, Verlage und Agenturen. Bei der Produktion dieses Buches wurden sie von **Petra Speckmann** (Foodstyling) unterstützt.

BILDNACHWEIS

Grossmann.Schürle: S. 06–59 und Stepfotos auf den Klappen
auen60: S. 01, 05 und Stillleben auf den Klappen
Autorenfoto: Grandel Werbefotografie
Coverfoto: Kathrin Koschitzki

Umwelthinweis:

Dieses Buch ist auf PEFC-zertifiziertem Papier aus nachhaltiger Waldwirtschaft gedruckt.

LIEBE LESERINNEN UND LESER,

wir wollen Ihnen mit diesem Buch Informationen und Anregungen geben, um Ihnen das Leben zu erleichtern oder Sie zu inspirieren, Neues auszuprobieren. Wir achten bei der Erstellung unserer Bücher auf Aktualität und stellen höchste Ansprüche an Inhalt und Gestaltung. Alle Anleitungen und Rezepte werden von unseren Autoren, jeweils Experten auf ihrem Gebiet, gewissenhaft erstellt und von unseren Redakteuren/innen mit größter Sorgfalt ausgewählt und geprüft.

Haben wir Ihre Erwartungen erfüllt? Sind Sie mit diesem Buch und seinen Inhalten zufrieden? Haben Sie weitere Fragen zu diesem Thema? Wir freuen uns auf Ihre Rückmeldung, auf Lob, Kritik und Anregungen, damit wir für Sie immer besser werden können. Und wir freuen uns, wenn Sie diesen Titel weiterempfehlen, in Ihrem Freundeskreis oder online.

Sollten wir Ihre Erwartungen so gar nicht erfüllt haben, tauschen wir Ihnen Ihr Buch jederzeit gegen ein gleichwertiges zum gleichen oder ähnlichen Thema um.

KONTAKT

GRÄFE UND UNZER VERLAG
Leserservice
Postfach 86 03 13
81630 München
E-Mail: leserservice@graefe-und-unzer.de

Telefon: 0 08 00 / 72 37 33 33*
Telefax: 0 08 00 / 50 12 05 44*
Mo – Do: 9.00 – 17.00 Uhr
Fr: 9.00 – 16.00 Uhr (*gebührenfrei in D,A,CH)

APPETIT AUF MEHR?

ISBN 978-3-8338-6625-8

ISBN 978-3-8338-6799-6

ISBN 978-3-8338-6626-5

ISBN 978-3-8338-6629-6

ISBN 978-3-8338-6630-2

ISBN 978-3-8338-6627-2

ISBN 978-3-8338-6628-9

ISBN 978-3-8338-6623-4

ISBN 978-3-8338-6619-7

ISBN 978-3-8338-6614-2

ISBN 978-3-8338-6616-6

ISBN 978-3-8338-6622-7

ISBN 978-3-8338-6624-1

ISBN 978-3-8338-6620-3

ISBN 978-3-8338-6617-3

ISBN 978-3-8338-6621-0

Mehr von GU auf **www.gu.de** und **facebook.com/gu.verlag**

DIE »GU KOCHEN PLUS«-APP

1 APP HERUNTERLADEN

Laden Sie die kostenlose »GU Kochen Plus«-App im Apple App Store oder im Google Play Store auf Ihr Smartphone. Starten Sie die App und wählen Sie Ihren Küchenratgeber aus.

2 REZEPTBILD SCANNEN

Scannen Sie das gewünschte Rezeptbild mit der Kamera Ihres Smartphones. Klicken Sie im Display die Funktion Ihrer Wahl.

3 FUNKTIONEN NUTZEN

Sammeln Sie Ihre Lieblingsrezepte. Speichern und verschicken Sie Ihre Einkaufslisten. Oder nutzen Sie den praktischen Supermarkt-Finder und den Rezept-Planer.